Anton Friedrich Busching

Eigene Gedanken und gesammlete Nachrichten von der Tarantel

welche zur gänzlichen Vertilgung des Vorurtheils von der Schädlichkeit ihres Bisses, und der Heilung desselben durch Musik, dienlich und hinlänglich sind

Anton Friedrich Busching

Eigene Gedanken und gesammlete Nachrichten von der Tarantel
welche zur gänzlichen Vertilgung des Vorurtheils von der Schädlichkeit ihres Bisses, und der Heilung desselben durch Musik, dienlich und hinlänglich sind

ISBN/EAN: 9783743421462

Hergestellt in Europa, USA, Kanada, Australien, Japan

Cover: Foto ©ninafisch / pixelio.de

Manufactured and distributed by brebook publishing software (www.brebook.com)

Anton Friedrich Busching

Eigene Gedanken und gesammlete Nachrichten von der Tarantel

D. Anton Friedrich Büschings
eigene Gedanken
und
gesammlete Nachrichten
von der
Tarantel,
welche
zur gänzlichen Vertilgung des Vorur=
theils von der Schädlichkeit ihres Bisses, und
der Heilung desselben durch Musik,
dienlich und hinlänglich sind.

Berlin,
im Verlag der Buchhandlung der Realschule.
1772.

Vorbericht.

Vorurtheile, insonderheit solche, welche zum Aberglauben gehören, oder denselben befördern, bey sich und andern zu vertilgen, gehöret zu den Pflichten eines Gelehrten: und ich bin sehr geneigt, dieselbige zu erfüllen. Die Sage und Meynung von dem Biß der Tarantola, und von dem bewährten Heilungsmittel deſſelben, gehöret zu den Vorurtheilen, nicht nur des gemeinen Mannes, sondern sogar vieler

Vorbericht.

vieler angesehener Gelehrten, und verdienet also desto stärker bestritten und gänzlich ausgerottet zu werden. Ich habe es schon 1754 in der ersten Ausgabe des zweyten Theils meiner Erdbeschreibung angegriffen, und S. 1005 in der allgemeinen Einleitung zum Königreich Napoli geschrieben:

„So gewiß und ausgemacht auch die
„Warheit, Gefährlichkeit und Cur der
„durch die Taranteln verursachten Krank=
„heit, der allgemeinen Meynung nach, ist:
„so scheint es doch, daß die Taranto=
„lati zu der Klasse der gewinnsüchtigen
„Betrüger gehören. Es wird solches ei=
„nem jeden vernünftig und ohne Vorur=
„theil denkenden Menschen wahrschein=
„lich vorkommen, welcher sich die wah=
„ren Umstände der Tarantolati von

redli=

Vorbericht.

„redlichen und geschickten Augenzeugen
„erzählen, und sagen läßt, daß sie lauter
„Bettler sind, zumahl wenn er der Be-
„trügereyen, welche die Besessenen der
„neuern Zeit gespielet haben, und ande-
„rer ähnlichen Streiche, gründlich kun-
„dig ist."

In eben demselben Jahr, griff ich die Tarantolati zum zweyten mahl in einem Briefe an, den ich an Herrn Kästner, damaligen Professor zu Leipzig, und jetzigen Hofrath und Professor zu Göttingen, schrieb, weil er in des Hamburgischen Magazins 13ten Band und desselben erstes Stück, den Brief eines Italiäners eingerücket hatte, der von Christlob Mylius zu London war übersetzt, und Herrn Kästner aus Hamburg

burg zur Einrückung ins Magazin zugeschickt worden. Herr Kästner brachte meinen polemischen Brief in den 14ten Band des Hamburgischen Magazins. Dieser blieb nicht ohne Angriff, denn die Tarantolati fanden unverdienter Weise einen Vertheidiger an dem damaligen Magister und jetzigen Professor Herrn Titius zu Wittenberg, der sich ihrer 1755 im 8. Stück der neuen Wahrheiten ꝛc. des Hrn. von Justi annahm. Ich zog also zum drittenmahl wider dieselben zu Felde, wie mein Brief bezeuget, den Herr von Justi dem neunten Stück seiner neuen Wahrheiten einverleibet hat. Ich äußerte am Ende desselben meine Hofnung, daß Herr Titius künftig aus einem Vertheidiger der Taranteln ein Gegner derselben werden würde. Sie

Vorbericht.

Sie ist erfüllt, denn der Herr Professor hat 1767 hieher an mich geschrieben, daß er nun meiner Meynung in Ansehung der Taranteln, sey. Seit der Zeit, da ich die Tarantolati bestritten habe, sind so viele neue und wichtige Zeugen der Wahrheit wider sie aufgetreten, daß sie nun allen Credit verlohren haben. Ich achte es der Mühe werth, dasjenige, was ich von dieser Materie gesammlet, dem Druck zu übergeben, und hoffe, daß man nunmehr ganz aufhören wird, von der Wirkung und Cur des Bisses der Taranteln zu reden und zu schreiben. Eine vollständige Sammlung alles dessen, was für und wider dieselbige geschrieben worden, muß man in dieser kleinen Schrift nicht erwarten, ja ich liefere nicht einmal ein Verzeichniß aller dieser
Schrif-

Schriften, sondern überlasse dasselbige dem belesenen Mann, von den man es allein erwarten kann, unserm Herrn Doctor Krünitz. Eins muß ich noch vorläufig anführen. Wider die Wirkung der Musik, in Ansehung des Bisses der Taranteln, hat D. Cornelio von Cosenza schon 1672 ein Zeugnis abgelegt, wie ich aus der History of the royal society of London, und zwar aus dem dritten Bande vom Jahr 1757 ersehen habe: und selbst die vornehmsten Vertheidiger des Tarantelbisses und der Cur desselben, haben zugestanden, daß Betrug dabey mit unterlaufe, wie aus den nachfolgenden Abhandlungen zu ersehen ist. Berlin, am 24 August 1772.

I.

Den Anfang dieser Sammlung, mag
Hombergs
Beschreibung der Tarantel
machen,
welche aus desselben Anmerkungen über die
Spinnen genommen ist, die man aus den Memoires der Pariser Akademie der Wissenschaften,
im ersten Bande des Hamburgischen Magazins
S. 51 f. übersetzt findet. Sie lautet also:

Die Tarantel hat fast das Ansehen und die
Gestalt unserer Hausspinnen: aber sie ist
in allen ihren Theilen weit größer und stärker.
Ihre Füße und die Unterseite ihres Bauchs, sind
schwarz und weiß gesprengt: aber die Oberseite
ihres Bauchs und ihr ganzer Vordertheil sind
schwarz. Ihr Kopf und ihre Brust sind mit
einer einzigen schwarzen Rinde bedeckt, welche
einer kleinen Schnecke vollkommen ähnlich sieht.

Diese Art Spinnen hat acht Augen, welche ganz und gar von den Augen der andern Arten von Spinnen unterschieden sind, so wohl ihrer Farbe als übrigen Beschaffenheit nach. Alle Augen der andern Spinnen sind schwarz oder schwarzroth, und mit einer harten und durchsichtigen Rinde bedeckt, und bleiben auch also nach dem Tode: aber dieser ihre sind mit einer feuchten und harten Hornhaut bedeckt, welche nach dem Tode welk und schlapp wird. Die Farbe derselben ist etwas goldgelb, weiß, glänzend und funkelnd, wie die Augen der Hunde und Katzen, wenn man sie im Finstern sieht. Vier von diesen Augen stehn in Form eines Quadrats mitten auf der Stirne, und vier in einer horizontalen Linie. Diese letztern machen den untern Rand der Stirn unter den vier erstern, und stehen unmittelbar über der Wurzel ihrer Freßzange. Sie sind an Größe unterschieden. Die vier erstern sind fast gleich groß, haben ohngefähr eine Linie im Durchmesser, und sind ohne Vergrößerungsglas wohl zu sehen: aber der letztern ihr Durchmesser ist nur halb so groß, als der ersten ihrer. Die Taranteln sind sehr böse, und beißen von freyen Stücken, wenn sie im Zorn sind. Ich habe einige zu Rom gesehen; aber man fürchtet sich daselbst nicht vor ihnen, weil man kein Exempel hat, daß sie daselbst jemand Ungelegenheit gemacht hätten. Aber in dem Königreich Neapolis richten sie viel Böses an, vielleicht weil es daselbst wärmer ist, als in Rom. Die Zufälle,

fälle, welche diejenigen bekommen, welche von ihnen verwundet worden sind, so wohl als die Heilung, sind wunderseltsam. Sie sind von vielen italiänischen und französischen Schriftstellern beschrieben worden; und obschon die Geschichte derselben etwas fabelhaftes bey sich zu haben scheint, so ist sie indessen doch wahr, und was sehr Sonderbares. Hr. Geoffroy hat uns eine Beschreibung davon gegeben, davon in die Geschichte der Akademie von dem Jahr 1702 ein Auszug eingerückt worden, welchen man zu Rathe ziehen kann, wenn man weitläuftiger davon unterrichtet seyn will.

Ein ächter Brief von einem italiänischen Herrn
über den Biß der Tarantul,

aus dem Gentleman's Magazin im Monat Sept. 1753. welcher im Anfang des 13ten Bandes des Hamburgischen Magazins übersetzt stehet.

Mein Herr!

Ihrem Verlangen zu Folge, sende ich ihnen eine Nachricht von der Wirkung des Bisses einer Tarantul in den menschlichen Körper. Ich will ihnen eine genaue Nachricht von allen von mir beobachteten Umständen geben, indem ich einmal das Werkzeug bey der Cur eines armen Bauers-

Bauersmannes, welcher von diesem Insekt war gebissen worden, gewesen bin.

Von der Tarantul selbst will ich ihnen keine Beschreibung geben, weil ich versichert bin, daß sie davon vollkommen unterrichtet sind. Ich will ihnen nur erzählen, was sich in meinem Lande auf einem kleinen Dorfe, la Torre della Annunziata genannt, ungefähr zehn Meilen von Neapel, wo ich eben damals, als dieses geschah, zugegen war, zugetragen hat.

Im October haben alle Studenten in Neapel, welche einige Bekanntschaft auf dem Lande haben, Erlaubniß, auf das Land zu gehen. Ich hatte also auch die Freyheit, meinen Geburtsort zu besuchen, und weil ich mich damals in dem Collegio zu Neapel auf die Musik legte, so nahm ich allemal, wenn ich auf das Land gieng, meine Geige mit.

An einem Tage geschahe es, daß ein armer Mann auf der Straße krank ward, und man sah gar bald, daß dieses die Wirkung einer Tarantul sey, weil das Landvolk gewisse untrügliche Zeichen hat, woran es solches erkennet, und besonders sagen sie, daß einen die Tarantul an den obern Rand des Ohres, oder an das Ohrläppchen, und zwar, wenn man auf der Erde schlafend liegt, beißt. Der verwundete Theil wird drey Tage nach dem Bisse schwarz, eben zu der Stunde, da man gebissen worden. Sie sagen ferner, daß, wenn niemand da wäre, der den Verwundeten heilen könne, dieser die Wirkung
des

des Bisses alle Tage zu eben der Stunde, drey bis vier Stunden hinter einander, fühlte, bis er so toll würde, daß er in Zeit von einem Monate drauf gienge. Einige, sagen sie, haben drey Monate gelebt, nachdem sie gebissen worden. Aber dieses letztere kann ich nicht glauben. Denn man läßt niemals jemanden an so einer Krankheit sterben, sondern der Priester muß ihm vorgeigen, und ihn also heilen, und es kann sich kein Mensch erinnern, daß irgend einer daran gestorben ist. Aber zur Sache.

Ein armer Mann ward, wie gesagt, auf der Straße krank, und weil der Priester nicht zu Hause war, so bathen mich verschiedene Personen, dem armen Teufel vorzuspielen. Wenn ich nicht verschiedene gute Freunde beleidigen wollte, so mußte ich schon hingehen. Als ich hin kam, sahe ich einen Mann auf der Erde ausgestreckt liegen, und es schien, als wenn er eben in den letzten Zügen läge. Als mich das Volk zu Gesichte bekam, rufete es: Spielt, spielt die Tarantella! Dieses ist ein Stückchen, welches man bey solchen Fällen spielet. Ich hatte dieses Stückchen niemals gehöret, und konnte es also nicht spielen. Ich fragete: Was ist es denn für ein Stückchen? Sie antworteten, es wäre eine Art von einer Gique. Ich versuchte verschiedene Giquen; aber es half nichts, und der Mann blieb einmal so unbeweglich liegen, als das andere. Die Leute schrien immer fort, ich sollte die Tarantella spielen. Ich sagete, ich könnte sie nicht
spielen;

spielen; aber wenn sie jemand mir vorsingen wollte, so wollte ich sie gleich lernen. Ein altes Weib erboth sich mir, dieses gute Werk zu verrichten, aber sie sang das Stückchen so unverständlich, daß ich mir keinen Begriff davon machen konnte. Es kam aber eine andere Frau, welche mich es lehren wollte. Ich lernete es auch von ihr ungefähr in Zeit von zehn Minuten, denn es war kurz. Ich habe es hier in Noten gesetzt beygefüget. Indem ich dieses Stückchen lernte, und die ersten zween Tacte nach und nach traf, fing der Mann eben so allmählich an, sich zu bewegen, sprung so schnell, wie der Bliß, auf, gleich als ob er durch eine schreckliche Erscheinung wäre aufgewecket worden, und sah sich überall wild um, und alle Gelenke seines Körpers waren in Bewegung. Da ich aber noch nicht das ganze Stückchen konnte, so hörete ich auf zu spielen, weil ich nicht glaubete, daß es dem Manne was helfen würde. Doch sobald ich aufhörete zu spielen, fiel der Mann nieder, schrie sehr laut, und verdrehte sein Gesicht, seine Füße, Armen und alle Theile seines Leibes, kratzete mit den Händen auf der Erde, und wandte und krümmete sich so heftig, daß man klar sehen konnte, er sey in großer Todesangst. Ich war außer mir selbst, und eilte so sehr, als ich konnte, den übrigen Theil von dem Stückchen zu lernen. Als ich es konnte, spielete ich näher bey ihm, etwan zwölf Schuh weit von ihm. Den Augenblick, als er mich hörete,

sprang

sprang er wieder auf, wie vorher, und tanzete so sehr, als man nur tanzen kann, aber sehr wild. Er beobachtete den Tact beym Tanzen vollkommen, doch beobachtete er weder gewisse Regeln, noch Geberden, sondern hüpfete und rannte hin und her, und machte sehr komische Posituren, welche einigermaßen den chinesischen Tänzen glichen, welche wir zuweilen auf dem Theater gesehen haben. Ueberhaupt war alles, was er that, sehr wild. Er schwitzete über und über, und dann schrien die Leute: Geschwinder! geschwinder! Ich sollte nämlich das Stückchen geschwinder spielen. Ich spielete auch so geschwind, daß ich kaum länger spielen konnte, da indessen der Mann immer fort tanzete. Ich war sehr abgemattet, und obgleich verschiedene Personen hinter mir waren, welche theils den Schweiß von meinem Gesichte abwischeten, theils mir mit einem Fächer kühle Luft zuwedelten, (denn es war ungefähr um zwey Uhr Nachmittags) theils das andringende Volk von mir abhielten, so stund ich doch bey meiner langen Geduld viel aus; denn ich spielte, ohne zu viel zu sagen, über zwey Stunden, ohne im geringsten abzusetzen.

Als der Mann ohngefehr eine Stunde getanzet hatte, gaben ihm die Leute einen bloßen Degen, welchen er bey der Spitze in die Hand nahm, und aus der einen Hand in die andere schleuderte, in welcher er ihn im Gleichgewichte hielt, und inzwischen immer fort tanzete. Die Leute wußten, daß er einen Degen verlangete;

denn

denn kurz vorher, ehe er ihn bekam, kratzete er sich sehr stark in die Hände, als ob er das Fleisch davon abreißen wollte.

Als er sich die Hände brav zerstochen hatte, fassete er den Degen bey dem Gefäße an, und stach auch in den obern Theil seiner Füße, und ohngefähr nach fünf Minuten bluteten seine Hände und Füße sehr stark. Er behielt den Degen ohngefähr eine Viertelstunde in den Händen, und stach sich zuweilen in die Hände, zuweilen in die Füße, indem er wenig oder gar nicht inne hielt; worauf er den Degen weglegete und fort tanzete.

Als er ganz ermüdet war, fieng er an, sich langsamer zu bewegen: aber die Leute bathen mich, ich sollte in eben dem vorigen Tempo fort spielen, und als er sich nicht nach demselben bewegen konnte, so bewegete er nur seinen Leib nach dem Tempo. Endlich, nachdem er zwo Stunden lang getanzet hatte, fiel er ganz ohne Bewegung nieder, und ich hörete auf zu spielen. Die Leute hoben ihn auf, führeten ihn in ein Haus, setzten ihn in ein groß Faß voll laulichtes Wasser, und ein Wundarzt ließ ihm zur Ader. Als er im Bade war, blutete er an beyden Händen und Füßen, und es gieng eine große Menge Blut von ihm. Nachdem sie ihn hierauf verbunden hatten, legeten sie ihn in ein Bette, und gaben ihm eine Herzstärkung ein, welche sie ihm einzwangen, weil er die Zähne sehr zusammen biß. Fünf Minuten hernach ohngefähr schwitzete er stark, schlief ein, und schlief fünf bis sechs
Stun-

Stunden. Als er aufwachte, war er vollkommen gesund, aber schwach wegen des vielen von ihm gegangenen Blutes. Vier Tage hernach war er völlig wieder hergestellet; denn ich sah ihn auf der Straße gehen. Es war merkwürdig, daß er sich kaum auf irgend etwas besann, was mit ihm vorgegangen war. Er empfand auch niemals keine Schmerzen wieder, welche auch niemand in solchen Fällen wieder fühlet, ausgenommen, wenn er von der Tarantul von neuem gebissen wird.

So viel weiß ich von der Tarantul. Ich hoffe, es soll ihrer Neugier Genügen thun; und da sie ein großer Naturkündiger sind, so mögen sie nach Gefallen darüber philosophiren. Ich habe nicht nöthig, meine schlechte Schreibart zu entschuldigen. Sie müssen sie m'r verzeihen, weil ich nur ihrem Befehl habe gehorchen wollen. Wenn sie noch mehr zu befehlen haben, so schreiben sie Mein Herr!

Ihrem gehorsamsten Diener
Uebersetzt Stephan Storace.
von C. Mylius zu London im Oct. 1753.

Büschings Schreiben an Herrn Prof. Kästner, von denen, die von den Taranteln gebissen seyn sollen.

zu finden im 14ten Bande des Hamburgischen Magazins S. 433—436.

Als ich neulich das erste Stück des 13ten Bandes von dem Hamburgischen Magazin in die Hände bekam, wurde meine Aufmerksamkeit sehr

sehr gereizet, da ich gleich im Anfange las: ein ächter Brief von einem italienischen Herrn über den Biß der Tarantel. Ich kann Ew. Hochedelgeb. nicht beschreiben, mit was für Begierde ich diesen Brief gelesen; aber auch wie unangenehm es mir gewesen, daß ich gar keine Anmerkung darüber gefunden. Ists auch wahrscheinlich, dachte ich, daß dieser Brief zur Bestätigung der vermeynten Wirkung des Bisses der Tarantel mitgetheilet worden? oder ist nicht vielmehr zu hoffen, daß die Einrückung desselben zur Absicht habe, diese fabelhafte Wirkung lächerlich zu machen? Dem sey wie ihm wolle, so ist man Ew. Hochedelg. Dank schuldig, daß daß Sie diese Erzählung dem Magazin einverleibet haben *). Sie dienet zum Beweise des Urtheils, welches ich im 2ten Bande meiner Erdbeschreibung S. 1005 und 1006 gefället habe, daß die Tarantolati zu der Classe der gewinnsüchtigen Betrüger gehören. Ich muß aber gleich anfänglich bekennen, daß ich nicht zuerst auf diese Gedanken gerathen bin, sondern daß mich ein vortreflicher Gottesgelehrter (Hauber) darauf gebracht hat, dessen große Verdienste durch die schätzbaren Sammlungen, welche er zur unwiderpsrechlichen Widerlegung der Hexen= und Gespenstergeschichte herausgegeben hat, sehr erhöhet worden. Es machte in meinem Gemüth
einen

---

*) Der Brief ist von Christlob Mylius in London übersetzet, und zur Einrückung aus Hamburg geschicket worden. K.

einen großen Eindruck, als ich hörete, daß die
Tarantolati lauter Bettler wären; als ich aber
noch außerdem zuverläßige Umstände von der
vorgegebenen Krankheit, die von dem Bisse der
Tarantel entstehen soll, erfuhr, da war kein Zwei=
fel übrig, daß die ganze Sache ein schändlicher
Betrug sey. Man darf nur den obgedachten
Brief durchlesen, um davon überführet zu wer=
den. Wer war der Kranke, den die Tarantel
gebissen hatte? Ein armer Bauer. Wo traf ihn
Storace an? auf der Landstraße. Woher wußte
unser Italiener, daß dieser Mann von der Ta=
rantel gebissen sey? Das Landvolk sagete es, wel=
ches gewisse untrügliche Zeichen hat, woran es
solches erkennet. Schlechte Zeugen! Allein,
lassen Sie uns den armen kranken Mann anse=
hen. Es scheint, daß er in den letzten Zügen
liege, und wem sollte solches nicht nahe gehen?
Aber getrost, er wird nicht sterben, denn unser
ehrlicher Italiener versichert nicht nur, daß kein
Mensch sich erinnern könne, daß jemals einer
von dem Bisse der Tarantel gestorben sey, (eine
vorzüglich glaubwürdige Wahrheit!) sondern er
hat auch eine Geige zur Hand, und giebt sich die
Mühe, die berüchtigte Tarantella zu lernen, und
zu spielen, die das einzige und gewisse Mittel ist,
solchen Elenden zu helfen. Hätte er aber die Geige
nicht bey sich, hingegen ein gutes spanisches Rohr
gehabt, und dessen durchdringende Kraft dem
Rücken dieses Bettlers nachdrücklich empfinden
lassen, so würde er ihn vermuthlich viel geschwin=

B 2   der,

der, als innerhalb zwey Stunden curiret haben. Allein, laſſen Sie uns mit Geduld den fernern Verlauf der Geſchichte hören. Kaum hat der mitleidige und dienſtfertige Italiener ein Paar Tacte der Tarantella getroffen, ſo ſpringt der todtkranke Mann auf, und nimmt, ſo lange das Spielen währet, die wildeſten und ſeltſameſten Bewegungen und Sprünge vor. Aber nun wirds fürchterlich; die Leute geben ihm einen bloßen Degen in die Hand. Was? muß man Raſenden einen bloßen Degen in die Hand geben? Ja, er will ihn haben. Woher weiß man ſolches? Er kratzet ſich ſtark in den Händen. Aber wie wirds ablaufen? Wird er ſich nicht den Degen durchs Herz ſtoßen, und ſolchergeſtalt dem fürchterlichen Schauſpiel ein ſchreckliches Ende machen? O nein! ſehen Sie nur, wie geſchickt und ſeinem Zweck gemäß der unſinnige Tänzer den Degen zu gebrauchen weiß. Er nimmt ihn bey der Spitze in die Hand; er ſchleudert ihn aus der einen Hand in die andere, und welches das merkwürdigſte iſt, er hält ihn tanzend im Gleichgewicht. Er verurſacht ſich zwar bald an den Händen, bald an den Füßen, ſtark blutende Wunden, allein ſie ſind nicht tödtlich, und als er wußte, daß ihrer genug waren, um das Mitleiden der Zuſchauer zu erregen, legte er den Degen ordentlich weg, und fuhr fort zu tanzen, bis er vor Mattigkeit aufhören mußte. Hierauf ſtärkete und erquickete man ihn, und nach wenig Stunden war er völlig geſund.

Ohne

Ohne Zweifel haben mitleidige Seelen, welche ihn in der Krankheit, und nach derselben, gesehen, ihn reichlich beschenket, und so hatte er seinen Zweck erreichet.

In Deutschland giebt es zum Glück keine Taranteln, und also können unsere Bettler nicht davon gestochen werden; allein sie wissen andere Mittel, das Mitleiden der Gutherzigen zu erregen. Bald lassen sie sich das sogenannte Unglück überfallen, bald sind sie lahm, bald stellen sie Besessene und Behexte vor. O wie mannigfaltig ist die boshafte Kunst! Ist es nicht zu bedauren, daß so viele ehrliche und gelehrte Leute sich dadurch betrügen lassen? Göttingen, am 20sten Nov. 1754.

A. F. Büsching.

Auszug aus des Hrn. Prof. Titius Abhandlung von den Wirkungen
der Töne auf den menschlichen Körper, und Erläuterungen über die Heilung des Tarantelbisses durch die Musik,
genommen aus des Hrn. von Justi neuen Wahrheiten zum Vortheil der Naturkunde, und des gesellschaftlichen Lebens der Menschen
St. 8. S 210 f.

Wenn ich hier von dem Tone rede, so muß ich zum voraus erinnern, daß ich unter diesem allgemeinen Worte zugleich alle die untere

Begriffe verstehe, welche die allgemeine Bedeutung desselben in sich fasset. Solchergestalt wird von der Harmonie der Töne und von der Musik überhaupt alles dasjenige gelten, was ich von dem Tone, an und für sich betrachtet, beweisen werde. Ich bin nicht der erste, der von der Wirkung der Musik auf den menschlichen Körper, seine Gedanken bekannt machet. Aber ich will doch der erste seyn, der in dieser Materie dasjenige, was in der Aufschrift gesaget wird, ohne weitschweifige Nebengelehrsamkeit ausführet. Vor ungefähr 20 Jahren hat Hr. D. Joh. Wilh. Albrecht, zu Erfurth, eine Schrift de effectibus musices in corpus animarum bekannt gemacht, und darinnen von nichts weniger, als von seiner Sache, gehandelt: gleichwol hat man von derselben, so mittelmäßig sie auch immer ist, in der musikalischen Bibliothek ein weitläuftiges Lob angefangen. Vierzehn Jahre nachher hat ein ungenannter Engländer von eben dieser Sache geschrieben. Er gab nämlich im Jahr 1749. zu London, in 8. seinen Tractat, Reflections on antient and modern Musik with the Application to the cure of diseases heraus; davon man im hamb. Magazin IX. B. S. 88. einen vollständigen Auszug findet. Der Engländer hat aber zugleich, wie der Deutsche, unendlich viele Dinge mitgenommen, die eben nicht zur Sache gehören.

Was nun die Wirkung der Töne auf den Körper betrift; so läßt sich dieselbe aus der Natur

tur des Schalles, oder der Töne überhaupt, und aus der Beschaffenheit des Körpers herleiten. Ich will es kurz berühren. Es ist bekannt, daß durch den ganzen Körper eine feine geistische Feuchtigkeit in den Nerven und den Fibern verbreitet ist, die man aber mit dem gewöhnlichen gröbern Nahrungsafte, der sich in den Muskeln und in den Zwischenräumen der Fäserchen findet, nicht verwechseln muß. Dieses subtile Wesen erfüllet nun jegliche Nerven, und erstreckt sich so gar bis an die äußersten Enden derselben. Nun setze man, daß dasselbe durch irgend eine Ursache in eine starke Bewegung gesetzet werde: so wird man erfahren, daß es alsdenn mit Haufen in die kleinen Canäle der Nerven hineindringt, sie aufschwellt, und durch dieses Aufschwellen eine Spannung derselben zuwege bringt. Man setze weiter, der Schall, oder eine Harmonie von Tönen, sey die Ursache dieses Aufschwellens: so weis man aus der Natur des Schalles, daß er durch eine zitternde Bewegung der Lufttheilchen hervorgebracht werde. Diese Lufttheilchen berühren die an der äußern Haut befindlichen Nervchen, nebst der darinn enthaltenen geistischen Feuchtigkeit; und da sie dieselben schon einmal in Bewegung gesetzet haben, so fahren sie fort, selbige noch stärker zu bewegen, indem sie durch den anhaltenden Ton immerfort ihre Schwingungen beybehalten, und die angefangene Wirkung gleichsam auf jedesmal verdoppeln. Da also die Ursache des Aufschwellens stets fortfährt, und

B 4 nicht

nicht nur gleichförmig, sondern wegen der Schwingungen gleichsam stoßweise zunimmt: so dränget sich der feine geistische Nervensaft ungleichförmig in die anliegenden Fibern und Nerven, und setzet dieselbigen dadurch ebenfalls in eine Zitterung. Hierdurch aber wird noch etwas mehrers verursachet. Die Nerven werden auf diese Weise immer zu stärkerem Aufschwellen gereizet. Der Stoß oder die Zitterung wird durch den ganzen Nerven hindurch fortgesetzet: dergestalt, daß sich die vorbemeldete Nervenfeuchtigkeit in den nächstanliegenden Muskel ergießt, und ihn in eben dieselbe Spannung und Aufschwellung bringt. Und da dieses Ergießen ebenfalls Stoßweise, und bald mit mehrerer, bald mit minderer Kraft geschiehet, so ist auch hieraus die zitternde Bewegung des Muskels herzuleiten, welche alsdenn diejenigen Folgen nach sich ziehet, die ein Zittern der Muskeln nothwendig hervorbringen muß.

Niemand wird läugnen, daß sich eine Bewegung, die in dem geistischen Nervensafte, an dem äußersten Ende des Nervens vorgeht, nicht so gleich durch den ganzen Nerven, und sodann an die weitesten Oerter des Körpers erstrecken sollte. Wer die Natur eines Nerven kennet, der wird dieses augenblicklich zugeben; diejenigen aber, die davon die Erfahrung in Händen haben wollen, darf man nur erinnern, daß, wenn die Nerven an der Zunge, an der Nase, oder an den Ohren gelinde berühret werden, sogleich eine ziemlich starke Empfindung den ganzen Körper hindurch

hindurch erfolget; wie wir dieses an dem Niesen oder an dem Husten täglich erblicken. Ja ein gelindes Reiben in dem Ohre kann so gar Thränen aus den Augen hervor zwingen. Borellus hat daher ganz recht, wenn er diese Fortpflanzung der Reitzung nicht eben der fortgehenden Bewegung (Motus progressivus) des geistischen Nervensaftes, sondern nur der fortgesetzten Zitterung oder Schwingung desselben beymißt. Das heißt, es ist nicht eben nöthig, daß derjenige Nervensaft, der sich an der äußersten Oeffnung des Nervencanals befindet, und daselbst von außen berühret wird, in dem Augenblicke längst den Nervencanal hindurch zum Gehirn bringe. Es ist vielmehr genug, wenn der Stoß, den er von aussen an der Oeffnung des Canals empfängt, fortgeführet wird.

Daß aber alle diese Folgen durch den Schall und durch die Töne im menschlichen Körper eines Theils müssen hervorgebracht werden, ist leicht zu erweisen; wenn man nur auf dasjenige bauen will, was Borellus (de mot. Animal. p. 243.) schon vor langer Zeit hierüber angemerket hat. Nämlich, wenn die äußersten Enden der Fühlnerven, die sich an den äußerlichen Theilen des Körpers, an der Haut, der Zunge, der Nase, den Ohren ꝛc. befinden, nur gelinde gerühret, und in ein kleines Zittern gesetzet werden; so geschieht es, daß diese gelinde Erschütterung und Schwingung des geistischen Nervensaftes, in den feinen Röhrchen den ganzen Nerven hindurch der Länge nach, fortgesetzt wird; und sich von hier endlich durch die Canälchen der übrigen anliegenden Nerven selbst in das Gehirn, und zwar in den Theil erstrecket, wo sich die nervichten Fasern endigen. Das Empfindungsvermögen wird hierdurch rege gemacht, und es entsteht im Gehirn ein Bild, welches nach Erfordern der äusserlichen wirkenden Ursache stärker oder schwächer, deutlicher oder undeutlicher wird. Denn, wenn es wahr ist, wie es denn allerdings andem ist, daß jede Empfindung im menschlichen Körper allemal der Bewegung proportional ist: so folget, daß ein stärkerer Schall, oder eine ganze Harmonie von Tönen, die den geistischen Nervensaft stärker rühret, allemal mehr empfunden wird, und daher auch größere Wirkungen hervorbringt, als eine, die nur gelinde auf denselben wirket.

Man sieht wohl, daß ich hier die erste Wirkung der Töne auf den menschlichen Körper von dem bewegten geistischen Nervensafte herleite. Allein, dieses ist nicht der einzige Weg, wodurch dieselben wirken können. Sie haben nämlich auf das Gehör und dessen Werkzeuge die vornehmste Wirkung. Es ist freylich andem, daß auch hier eine geistische Feuchtigkeit vorkömmt, die von den Tönen kann rege gemacht werden. Indessen zeiget es sich doch, daß hier die Nervenfiebergen, die sich über und um die Spiralfläche der Schnecke im Ohre zertheilen, und ausbreiten, von jedem Schalle besonders gerühret

rühret werden, in eine zitternde Bewegung kommen, die Hirnnerven in Bewegung bringen, und sodann im Gehirn die Stufen der Empfindung verursachen, die wir von einem und dem andern Tone, oder der Harmonie derselben untereinander haben. Man kann auch zugeben, daß die Luft, welche um den Körper durch die Töne in eine schwingende Bewegung gebracht worden, der im Körper befindlichen Luft eben diese Bewegung mittheile, und dadurch theils die geistischen Theilchen im Geblüte, theils die sogenannten Lebensgeister nicht wenig anreize: so, daß daher sogar verschiedene Leidenschaften entstehen können, die ich im folgenden nennen will.

Der ungenannte Engländer, dessen ich oben erwähnet habe, behauptet, daß die Veränderung, welche die Musik im Körper verursachet, nicht hauptsächlich der zitternden Bewegung von Luftwellen, die bis an die Gehirnnerven geht, zuzuschreiben sey; sondern daß diese Wirkung vielmehr auf die Verfassung ankomme, in welche unsere Seele dadurch gesetzet wird. Ich weis nicht, was ich hierzu sagen soll. Meines Bedünkens geräth die Seele allererst durch die äußerlichen Töne in die Verfassung, in welche sie der Schriftsteller gesetzet zu seyn glaubet, wenn er die Wirkung der Musik im menschlichen Körper erweisen will. Denn der Ton verursachet, wie ich schon gewiesen habe, von außen die erste zitternde Bewegung in dem geistischen Nervensafte; wir mögen uns nun dieselbe mit dem Bo-

rellus

rellus (de vi percuss. Cap. XXX. p. 172. f. f.) durch Maschinchen und Kügelchen, oder mit andern durch Federchen, hervorgebracht zu seyn vorstellen. Diese Zitterung geht durch den ganzen Nerven fort, erstreckt sich in den anliegenden, und bringt endlich zum Gehirn, wenn sie zugleich die Fibern und Muskeln in ähnlichen Zustand gesetzet hat.

Da nun die Töne allerdings auf den menschlichen Körper etwas vermögen: so entsteht die Frage, was denn von einigen Krankheiten zu halten sey, die man durch die Musik gehoben zu haben, oder doch heben zu können vorgiebt. Der Tarantelbiß ist das erste, wovon ich etwas anführen will. Berühmte Männer haben die ganze Krankheit, und ihre Heilungsart geläugnet; berühmtere haben sie behauptet, und aus physischen Gründen erkläret. Baglivi, einer der berühmtesten italienischen Aerzte, und Prof. der Anat. zu Rom, hat eine eigene Schrift davon hinterlassen, (Diss. de anat. morsu et effectib. Tarantulæ), die unter denen, bey desselben Praxi Medica angehangenen Dissertat. die erste Stelle einnimmt. Er erzählt darinnen verschiedene Begebenheiten, die sich mit Leuten, die von der Tarantel gebissen worden, zugetragen haben. Man wird mir erlauben, daß ich einige davon berühre, die zur Erläuterung dessen, was davon unlängst im Hamb. Magazin (XIII. B. 3. St.) bekannt geworden, etwas beytragen können. Baglivi gedenkt anfänglich zweyer adelicher Frauenzimmer,

mer, die von der Tarantel gebissen worden. Die erste hat den Biß in einem Winkelkeller empfangen, ihn aber nicht gleich gefühlet, und ist also nach Hause gekommen. Nach dem Mittagsessen spühret sie an dem Bein eine Geschwulst, wie eine Linse groß, und dabey stellet sich Herzensangst und schwerer Othem ein. Sie wirft sich auf's Bette, fängt an zu zittern, und zwar so stark, daß sie kaum von zween starken Männern kann gehalten werden. Hierauf entsteht ein Schmerz in Händen und Füßen. Man holet den Arzt, er öfnet die Geschwulst, und brauchet einige Pflaster. Allein vergebens. Die Kranke verliert die Sprache. Es findet sich Durst, Ekel und große Herzensangst ein. Alles dieses geschieht in Zeit von drey Stunden. Die Eltern argwöhnen gleich auf den Biß der Tarantel. Sie lassen also Spielleute kommen; obgleich die Patientin widerstrebet, und wegen der Schmerzen an Händen und Füssen, nicht tanzen zu können, vorgiebt. Indessen sind die Musikanten da. Sie fragen die Kranke, von was für Farbe, und wie groß die Tarantel gewesen, von der sie gebissen worden; damit sie in einem dieser Art von Taranteln gemäßen Tone anfangen könnten. Die Kranke antwortet: Sie wisse es nicht, ob sie von einer Tarantel oder von einem Scorpion vergiftet worden. Die Spielleute fangen darauf zwey oder drey Weisen, doch ohne die geringste Wirkung, an. Aber bey der vierten wird die Patientin aufmerksam. Sie seufzet, springt auf,

beginnt

beginnt außerordentlich stark und ausschweifend zu tanzen, bis sie endlich von dem ganzen Zufall befreyet wird. Wie sie also auf diese Weise hergestellet worden, so befand sie sich das ganze Jahr hindurch, und auch hernach, recht wohl. Aber sie konnte es doch nicht verhindern, daß sie nicht jährlich um eben die Zeit, da dieser Biß geschehen, neue, wiewohl schwächere Anfälle bekommen hätte, die auf eben diese Art durch die Musik gehoben wurden.

Das zweyte Beyspiel mit einem adelichen Frauenzimmer, beruhet auf eben diesen Puncten. Die Anfälle haben sich auch jährlich um die Zeit des ersten Bisses wiederum eingestellet, und man hat ihnen eben, wie beym erstenmal, abgeholfen. Das dritte Beispiel ist von einem Bauer, der gleichfalls gebissen worden. Er hat das Uebel durch angebrachte Mittel, durch Pflaster und scharfe Geister zu vertilgen gesuchet. Aber er ist dadurch dergestalt von Kräften gekommen, daß, wie er in der äußersten Schwachheit nach der Musik verlanget, er beym Anhören derselben zwar mit Händen und Füßen gearbeitet, sich aber weder mehr aufrichten noch auch tanzen können, und also bald darauf unterm Spiel gestorben ist. Die folgenden Beyspiele übergehe ich der Kürze wegen.

Das letzte ist indessen das seltenste, und kömmt von einem Arzte zu Neapel her. Dieser wollte die Wirkung des Tarantelbisses nicht eher glauben, bis er sie an sich selbst versuchte. Er ließ
sich

sich also im August 1693 Taranteln aus Apulien nach Neapel bringen. Zwey derselben setzte er sich auf das bloße Fleisch an den linken Arm, unter das Hemde. Es waren sechs Zeugen dabey, als er den Biß empfieng, der das Ansehen hatte, als wenn ihn daselbst eine Ameise, oder eine Fliege gestochen hätte. Zu gleicher Zeit empfand er einige Schmerzen an den Gelenken in den Fingern der linken Hand. Die verletzte Stelle wurde den folgenden Tag roth, und den dritten schwoll sie mit einigem Schmerze. Am vierten Tage war die Geschwulst und der Schmerz wieder vorbey; nur der rothe Fleck war noch übrig. In diesem Zustande blieb die Krankheit ganzer funfzehn Tage. Aber am funfzehnten äußerte sich an der schadhaften Stelle eine schwarze Rinde. Man nahm sie weg, es kam aber bald darauf eine neue zum Vorschein. Nach einem Monate überfiel den Kranken eine gelinde Schwachheit, deren Ursache ungewiß war. Er begab sich einige Zeit von Neapel weg, um frische Luft zu schöpfen, und seine Kräfte wieder zu erlangen; und kehrete, nach Verlauf von drey Monaten, wieder vollkommen gesund dahin zurück, ohne in der Folge einigen Anstoß von dem Bisse zu spühren. Herr Baglivi folgert hieraus, daß die Taranteln nur in dem heißen Theile von Italien, nämlich in Apulien, ihrem Vaterlande, so schädlich und giftig, in dem übrigen Italien aber wenig zu fürchten sind; weil das Gift derselben in den andern kältern Provinzen Wälschlandes nicht zu einem

nem so starken Grade der Wirksamkeit durch die Hitze kann erhöhet werden.

Nach dem Herrn Baglivi hat der große engländische Arzt, Richard Mead, einen besondern Versuch von der Tarantel herausgegeben (Opp. Med. T. II. edit. Gött. p. 81.). Er gesteht, daß vieler Betrug mit dieser Krankheit vorgehe, und daß oft Bettler unter dem Schein, von der Tarantel gebissen zu seyn, um Almosen anhalten und sie erlangen. Es pflegen sich aber auch, wie er hinzu thut, viele hysterische und andere unbekannte Zufälle unter diesem Namen mit einzuschleichen. Indessen läugnet er die Krankheit an sich selbst nicht. Denn, spricht er, es ist nicht glaublich, daß jemals eine Krankheit zum Schein sollte angenommen werden, die niemals vorhanden gewesen. Es ist auch nicht glaublich, daß Baglivi, ein sonst gelehrter Arzt, eine lange Schrift von einem Uebel sollte aufgesetzet haben, von dessen Daseyn er sich nicht genugsam belehret hätte; zumal da noch ein anderer Italiener, nämlich Ludwig Valetta, von eben diesem Thier und seinem Gift ein besonderes Buch geschrieben; wobey er viele Beyspiele von Leuten anführet, die davon verwundet worden.

Ich darf also nicht länger beweisen, daß auf den Biß der Tarantel wirklich eine giftige Krankheit erfolge. Ich muß nur von der Art, sie durch die Musik zu heilen, reden. Die genannten gelehrten Italiener, denen Herr Mead folget, sagen einstimmig, daß die Musik das einzige Mittel

sey,

ſey), dadurch die Tarantati, (ſo nennen ſie die Italiener), können zurecht gebracht werden. Dieſe aber iſt nicht bey allen einerley. Einige laſſen ſich durch die Pfeife, andere durch Pauken, andere durch die Leyer, andere durch Violinen, zum Tanzen bringen. Sie tanzen alsdenn den Tag wohl zwölf Stunden, und wiederholen die Operation bisweilen vier Tage nach einander. Währendem Tanzen nehmen ſie allerley poßirliche Dinge vor. Sie ſpielen mit Weinranken, mit rothen Kleidern, mit Degen, und andern ſchneidigen Werkzeugen, und können bisweilen die ſchwarze Farbe durchaus nicht leiden. Der Zufall kömmt auch jährlich wieder, und wird alsdann vielmals unheilbar, wenn ſie ihm nicht durch Tanzen zeitig vorbauen.

Herr Mead erläutert die Beſchaffenheit dieſes Gifts durch die erſtaunliche Hitze in Apulien. Denn es regnet daſelbſt den ganzen Sommer hindurch faſt gar nicht, und die Hitze iſt oft ſo groß, als wenn man in einem heißen Ofen wäre. Wenn daher die Tarantel beißt, ſo läßt ſie zugleich in die Wunde ein ſcharfes Gift hinein, welches die feine Nervenfeuchtigkeit ſogleich zur Gährung bringt. Hierauf erfolget ein Fieber, und die Abſonderung dieſes Nervengeiſtes in dem Gehirn; welches den Einfluß deſſelben in die ſinnlichen Werkzeuge gänzlich hemmet, und lauter unordentliche Bewegungen in dem thieriſchen Baue anrichtet. In dieſem Zuſtande kömmt der Muſikant herbey. Der Kranke iſt nicht Willens

zu tanzen. Weil er aber dazu Anlaß gewinnt, und der erste äußerliche Schall seine Wirkung auf die Feuchtigkeit der Nerven, und auf die Werkzeuge des Gehörs machet, so erreget dieser bey ihm den mit der Musik verknüpften Begriff, nämlich das Tanzen. Und so springt er auf, und wird ein rasender Tänzer. Indessen hilft ihm doch diese Bewegung so viel, daß dadurch ein häufiger Schweiß erreget, mit demselben die angesteckten Theilchen herausgeführet werden, und mit dem in den Lebensgeistern entzündeten Fieber allmählich verschwinden. Herr Mead setzet hinzu, daß die zitternde Bewegung und die Stöße der Lufttheilchen, welche auf eine oder die andere dem Patienten angenehme Weise erreget werden, in dem elastischen Fieber seines Gehirns ebenfalls eine ähnliche Schwingung hervorbringen; die ihn theils zum Tanzen veranlasset, theils auch sonst zur Wegschaffung der angesteckten geistischen Feuchtigkeiten das ihrige beyträgt. Doch dieses habe ich schon oben mit mehrerem berühret. Herr Mead gedenket aus dem Boyle eines seltenen Beyspiels der musikalischen Wirkung, welches ich unten beybringen werde; und da er diese Umstände überlegt, so wundert er sich nicht, daß verschiedene Kranke eine verschiedene Musik vonnöthen haben. Denn ihre verschiedentlich gespannte Fibern werden von einerley Schwingung der Lufttheilchen verschiedentlich gerühret Daß aber die Kranken, setzet der englische Arzt hinzu, so steif im Tanzen beharren, kömmt theils von
den

den Umstehenden her, die sie dazu anreizen, theils von der Vorstellung, hierdurch ihres Uebels entledigt zu werden.

Endlich schließt er: Wir dürfen also diese Wahrnehmung an den von der Tarantel Gebissenen nicht für lächerlich und ungereimt halten. Die Alten hielten schon viel auf den Gebrauch der Musik in der Medicin; und es ist gar kein Zweifel, daß sie durch mechanische Kräfte bey verschiedenen Krankheiten nicht viel Gutes hervorbringen sollte: besonders wenn es Krankheiten sind, wo das Gemüth angegriffen wird, und die geistische Feuchtigkeit des Gehirns in starke Bewegung gesetzet worden. Denn in diesem Falle wird der unordentliche Kreislauf derselben durch eine gegenseitig hervorgebrachte Bewegung öfters wieder zurechte gebracht.

Ich würde von dem Tanzen der sogenannten Tarantati noch mehreres hinzuthun, wenn ich die Leser nicht lieber auf das ganze 9te Capitel der oberwähnten Baglivischen Schrift verweisen wollte. Sie werden daselbst noch viele andere seltene und zum Theil närrische Bewegungen und Handlungen finden, welche die Kranken währendem Tanze vornehmen. Dieses will ich indessen noch daraus bemerken, daß, da der Tanz vornehmlich zu Wegtreibung des Schweisses, und mit demselben der giftigen und bösen Theile dienet, es verschiedene wälsche Aerzte versuchet haben, diese giftigen Theilchen durch schweißtreibende Mittel aus dem Geblüte herauszubringen.

Sie

Sie haben den Kranken nicht tanzen lassen, sondern ihm stark zu schwitzen eingegeben, und ihn in heiße Bäder gebracht. Allein umsonst; der Paroxismus hat sich nur um so viel stärker gezeiget, um so viel mehr man dergleichen Mittel dawider gebraucht hat. Und man ist endlich genöthiget gewesen, zum Tanzen seine letzte Zuflucht zu nehmen.

Herr Graf Boyle in seinem Essay on the great Effects of even langvid motion Chap. VI. p. 69. f. hat insbesondere über den Biß der Tarantel seine Gedanken geäußert. Das vortreffliche Beyspiel, spricht er (das. p. 74), welches die Wirkung der Musik auf den menschlichen Körper beweiset, ist der Erfolg, der sich bey Leuten zeiget, die von der Tarantel gebissen worden. Denn obgleich die Gebissenen verschiedene andere Stücke ganz geruhig anhören können, so fangen sie doch, wenn ein ihnen gemäßes gespielet wird, so heftig an zu tanzen, daß sich die Zuschauer nicht genug wundern können. Dieses Tanzen dauert bisweilen viele Stunden, wenn die Musik, so wie sie angefangen war, fortgeht. Ich weiß, daß einige die Wahrheit der Erzählungen, welche die Tarantati betreffen, in Zweifel ziehen; und ich gebe leicht zu, daß sich unter dem Scheine einer so außerordentlichen Wahrheit, viele Erdichtungen verbergen mögen. Ich bin aber von meinen Zweifeln darüber sowol durch Erzählungen verschiedener gelehrten Leute, worunter sich Aerzte und andere befinden, als auch durch die

Nachrichten gänzlich befreyet worden, die mir einer meiner Anverwandten, ein verständiger Mann, mitgetheilet hat, der zu Tarent, als woher das Thier seinen Namen hat, und auch an andern Oertern, die Tänze der gebissenen Personen, nicht nur an öffentlichen, sondern auch an Privatplätzen, mit eigenen Augen angesehen hat. Unter andern hat er so gar einen Arzt gesehen, bey dem eine Musik, die ihn rührte, eben dieselbe Wirkung, wie bey andern Patienten that. Der gelehrte Epiphanius Ferdinandus, der in Apulien und Calabrien viele Jahre hindurch medicinische Praxin getrieben, thut nicht nur als Augenzeuge vieler seltener Wirkungen der Musik auf die von der Tarantel Gebissenen Erwähnung, sondern machet sich auch anheischig, einem jeden der daran zweifelt, in der dasigen Gegend die Erfolge zu gehöriger Zeit sichtlich zu machen.

Man kann diesem noch die kurze Nachricht beyfügen, die Herr Boyle in dem Supplement zu dem gedachten Tractate (Short Supplement to the Essay of great Effects etc. p. 136. 137.) von der durch die Musik in Bewegung gesetzten Schlange, und von der Aussage eines Reisenden, der selbst von der Tarantel gebissen worden, anführet.

Es werden sich, meines Bedünkens, aus dem angeführten verschiedene Zweifel heben lassen, die der berühmte Herr Professor Büsching, zu Göttingen, wider die vorgegebenen Erfolge des Tarantelbisses erreget hat (Hamb. Magaz.

XIV. B. S. 433.). Man sieht nämlich daraus, daß die Gebissenen nicht allemal, sondern nur die wenigste Zeit, Bettler oder Herumstreifer sind. Das Uebel betrift oft die vornehmsten Leute, wenn sie sich nicht wohl in Acht nehmen. Am meisten aber solche, die viel auf dem Felde, und zwar im Korn und in der Erndte zu thun haben. Zweytens sieht man, daß alle hievon vorgegebene Erzählungen und sonderbare Wirkungen, nur auf den heißesten Strich von Italien, nämlich auf Apulien und Calabrien, einzuschränken sind. Denn man hat wahrgenommen, daß selbst diese Spinnen ihren Gift verlohren, oder doch weit weniger schädlich damit gewesen sind, wenn man sie in andere etwas kältere Gegenden gebracht hat. Drittens erhellet es, daß diese Erfahrungen von den Taranteln durch sehr glaubwürdige und verständige Zeugen bestätiget, größtentheils untersuchet, und auch sogar von den geschicktesten Aerzten nicht in Zweifel sind gezogen worden. Viertens wird man gewahr, daß die Tarantati, die fürchterlichen oder auch lächerlichen Handlungen bloß in der Hitze der Krankheit vornehmen; und zwar auf solche Weise, daß man nicht eben auf einige Verstellung dabey zu argwöhnen hat. Indessen muß man doch der Meynung des Herrn Mead beypflichten, daß bey einer so sonderbaren Krankheit mancher Betrug mit unterlaufen mag. Einem, der dort lebete, und von der Krankheit genugsame Erfahrung hätte, würde es wol nicht schwer werden, einen

wahren

wahren Tarantato von einem Betrüger zu unterscheiden. Vielleicht durch derbe Schläge, wie Herr Büsching vermeynet. Vielleicht!

J. D. Titius.

Büschings Schreiben
an den Herrn von Justi
welches in des letzten neuen Wahrheiten St. 9. S. 275 — 279 stehet.

Ew. Hochwohlgeb. bin ich für die gütige Mittheilung des achten Stückes Dero schätzbaren neuen Wahrheiten zum Vortheil der Naturkunde, ergebenst verbunden. Ich habe des gelehrten und bescheidenen Hrn. M. Titius lesenswürdigen Aufsatz, von den Wirkungen der Töne auf den menschlichen Körper, nebst einigen Erläuterungen über die Heilung des Tarantelbisses durch die Musik, mit Vergnügen gelesen. Dasjenige, was dieser geschickte Mann gegen meinen Brief von den Wirkungen des Tarantelbisses, welchen Hr. Prof. Kästner ins Hamburgische Magazin eingerücket hat, auf die bescheidenste Weise einwendet, vermehret meine Hochachtung gegen denselben, und ich ersuche Ew. Hochwohlgeb. Ihm solches gelegentlich zu bezeugen. An der Wirkung der Töne auf den menschlichen Körper, ist kein Zweifel; und ob ich sie gleich nicht zu erklären weiß, so habe ich doch an mir selbst mehrmals erfahren, was die sanften und zärtlichen Töne für eine starke Kraft bey mir geäußert haben, ob ich gleich kein Tonkünstler bin. Daß auch die Spinnen, welche Taranteln genennet werden, wirklich vorhanden seyn, ist auch gewiß; allein die Hauptfrage ist: ob ihr Biß wirklich die berühmte oder berüchtigte Wirkung nach allen den Umständen, welche selbst von Leuten, die, dem Ansehen nach, vorzüglich glaubwürdig sind, davon erzählet werden, habe oder nicht? und vornehmlich, ob die Tarantolati unter die ehrlichen und redlichen Leute, oder unter die Betrüger gehören? Ich ersehe aus des Herrn M. T. Aufsatz mit Vergnügen, was ich vorhin nicht gewußt habe, nämlich daß schon andere Männer vor geraumer Zeit bemerket und eingestanden haben, daß viel Betrug mit dieser Krankheit vorgehe: und bloß diese einzige Anmerkung würde mich furchtsam machen, mit dem Herrn M. T. zu behaupten, daß es mit dem Tarantelbiß, und desselben Wirkung und Heilung seine Richtigkeit habe. Der Zweck meines Aufsatzes, welcher dem Hamburgischen Magazin einverleibet worden, ist schon erreicht, wenn der in eben diesem beliebten Werk beschriebene Tarantolato für einen Betrüger erkannt wird; und mich dünkt noch immer, für einen solchen müsse ihn ein jeder erklären, welcher seine Geschichte ohne Vorurtheil aufmerksam lieset. Meine vielen pflichtmäßigen Arbeiten verstatten mir nicht, den Baglivi, Mead und andere, welche von dem Tarantelbisse und desselben Heilung gehandelt,

und

und Beyspiele davon gesammlet haben, durchzulesen, und letztere gehörig zu prüfen; sondern ich muß solches andern überlassen, welche zur Ausforschung der Wahrheit Lust haben. Ich will daher nur folgende Stücke anmerken: 1) Alles Sonder- und Wunderbare rühret uns, und selbst verständige und gelehrte Leute sind geneigt, dergleichen Dinge anders zu betrachten und zu erzählen, als sie wirklich sind. 2) Die Gespenster- Hexen- Besitzungs- und andere ähnliche Geschichte, haben uns die häufigsten Beyspiele gegeben, daß Männer von vorzüglicher Redlichkeit und Gelehrsamkeit, und die, vermöge ihrer Wissenschaft, auf welche sie sich insonderheit gelegt, dergleichen Begebenheiten zu untersuchen verpflichtet und willig gewesen, betrogen worden, ob sie gleich für die Richtigkeit der betrügerischen Begebenheiten so gelehrt, und dem Ansehen nach, so glaubwürdig geschrieben haben, daß fast alle ihre Leser durch diesen Schein der Zuverläßigkeit eingenommen worden sind. Diese Erfahrung macht uns billig behutsam und vorsichtig, und hindert, daß wir uns nicht durch das Ansehen gewisser Personen blenden lassen, wenn von Dingen die Rede ist, welche aus erheblichen Gründen und Erfahrungen zweifelhaft und bedenklich sind, ja in Ansehung derer unläugbare Betrügereyen klar vor Augen liegen. 3.) Ich muß es jetzt dahin gestellet seyn lassen, in wie weit Baglivi, Valetta, Mead und Boyle zuverläßige Zeugen von den Wirkungen des Tarantelbisses und desselben

C 5 Heilung

Heilung sind, und will nur bey denen von dem Herrn M. T. angeführten Beyspielen etwas weniges erinnern. Ich habe gesagt, die Tarantolati wären lauter Bettler; daher führet Herr T. zwo adeliche Personen weiblichen Geschlechts, und selbst einen Arzt an, welche von den Taranteln gestochen worden: allein, reichen diese Exempel hin, den Satz des Herrn T. zu beweisen, daß die Gebissenen nicht allemal, sondern nur die wenigste Zeit Bettler sind? Wenn wir diese Beyspiele vors erste als richtig annehmen, so beweisen sie nur, daß die Tarantolati nicht allemal Bettler, sondern daß zuweilen auch vornehmere Personen darunter sind, aber diese machen gewiß die allerkleinste Zahl aus. Daß das angeführte erste adeliche Frauenzimmer von einer Tarantel gebissen worden, ist aus den angeführten Umständen nicht erweislich. Ihre Aeltern argwohnten oder muthmaßeten solches; aber die Kranke wußte es nicht. Ich hätte beynahe Lust, anzuführen, daß auch vornehme Personen beyderley Geschlechts mehrmals Gesichte, Erscheinungen, Gespenster, Behexungen, Besitzungen rc. vorgegeben oder erdichtet haben; allein ich lasse sie fahren. Wie viele Zufälle von anderer Art mögen mit dem Tarantelbiß verwechselt werden? Mead hat solches schon bemerket. Auf das Beyspiel des Arztes, welches Herr T. aus Baglivi anführet, bin ich sehr neugierig gewesen, und es streitet wirklich nicht wenig für meine Meinung. Gesetzt, es sey wahr, daß die große Hitze in Apulien den

Biß

Biß der Tarantel verschlimmere, so muß er doch an sich schon von sehr schädlicher Wirkung seyn, und so wird er auch vorgestellet: allein unser Arzt erfährt diese böse Wirkung nicht, ob er sich gleich so gar von zwo Taranteln beissen läßt. Es überfällt ihn einen Monath hernach eine gelinde Schwachheit, allein die Ursache derselben war ungewiß. Baglivi folgert hieraus: daß die Taranteln nur in ihrem Vaterlande so schädlich und giftig wären. Ich aber glaube mit noch grösserer Wahrscheinlichkeit, aus diesem erheblichen Beyspiel schließen zu können, daß die berüchtigte Wirkung der Taranteln, theils Einbildung, theils Betrug sey. Es gehet mit den Taranteln, wie mit den Gespenstern; wenn diese von einem redlichen, herzhaften, vernünftigen und vorsichtigen Mann erwartet werden, so bleiben sie eben sowol aus, als die fürchterlichen Wirkungen des Tarantelbisses bey dem herzhaften und verständigen Art. Wenn die Taranteln von einem so geschickten Mann, als der berühmte Herr Titius ist, vertheidiget werden, so bekömmt ihre Sache gewiß einen guten Schein: allein vielleicht wird Herr T. künftig aus ihrem Vertheidiger, ihr Gegner.

Ein mehreres von dieser Materie zu schreiben, lassen meine Geschäfte vors erste nicht zu. Es beruhet auf Ew. Hochwohlgeb. Gutbefinden, ob Sie das erheblichste von diesen meinen Gedanken in Dero schönen Monathsschrift öffentlich mittheilen wollen rc.

Büsching.

Kohler

Kohler, von der Tanzkrankheit, die man dem Bisse der Taranteln zuschreibt.

Im 19ten Bande der Kong. Svenska Vetenskaps Academiens Handlingar, welcher die Abhaublungen des 1758sten Jahres enthält.

Ich will nur den Inhalt dieser Abhandlung mit den Worten der Götting. Anzeigen von 1760 S. 459 anführen.

Herr K. hat sich eine Zeitlang zu Tarent aufgehalten, und sich genugsam überzeuget, daß die Spinnen an diesem Tanze unschuldig sind. Er herrschet in der Stadt, wo man keine Spinnen von dieser Art findet, und bey Weibsleuten, die sich ihrem Bisse nicht blos setzen Kein Fremder, kein Kind, keine alte Person wird damit angefallen. Die Taranteln sind in ganz Italien gemein, aber niemand tanzet anderswo als zu Tarent. Herr K. hält dieses Tanzen für eine Schwermuth, und wir (setzt der Recensent, welcher vermuthlich Herr Präsident von Haller ist,) mit andern gescheiten Männern für einen Betrug.

James in seiner Treatise on canine madness, welche 1760 zu London in gr. 8. gedruckt worden.

Verwirft gelegentlich, wie in den Göttingischen Anzeigen von 1763. S. 407. angemerket wird,

wird, die ganze Geschichte der Tarantel, die zu Taranto selbst, wie er nach Augenzeugen versichert, unbekannt, und selbst das Thier nicht bestimmt ist, aus welchem ein so wunderbares Uebel entstehen sollte.

Schreiben des Hrn. Turnbull an die philosophische Societät zu Edinburg.

Für das Hannöverische Magazin übersetzt aus dem London Chronicle von 1771 Jul. 13 — 16.
von J. G. Velthusen.

Da die Wirkungen von dem Stich oder Biß der Tarantel mir jederzeit als etwas ausserordentliches vorgekommen waren, so wandte ich einige Mühe an, diese Sache an den Orten zu untersuchen, wo jene Bisse am häufigsten seyn sollen. Durch die zuverläßigsten Nachrichten, die mir an verschiedenen Orten, von Leuten, welche Glauben verdienen, und von solchen Sachen urtheilen können, mitgetheilet sind, fand ich, daß die Krankheiten, welche man dem Tarantelbisse zuschreibt, von eben der Art sind, wie diejenigen, welche die Sommerhitze in allen südlichen Gegenden hervorbringt. Die Schnitter sind am meisten den Fiebern ausgesetzt, die man von der Tarantel herleitet, und deren Heftigkeit oder Gelindigkeit davon abhängt, ob die Witterung heiß oder gemäßigt ist.

Die

Die allgemeine und fast epidemische Krankheit aller jener Gegenden im Sommer und im Herbst, ist das Wechselfieber. Weil man den Grund dieser Krankheit, in dem Stiche der Tarantel sucht, so versucht man allezeit die Kur, den Kranken eine ziemliche Zeit, ja zuweilen ganze Stunden nach Musik tanzen zu lassen. Ist derselbe nicht stark genug, um diese Bewegung auszuhalten, so hilft man ihm, bis er in Schweiß geräth. Kann er vor Schwäche nicht aus dem Bette kommen, so bewegt er den Leib, die Arme und die Beine, so viel möglich im Bette. Mit Hülfe seiner Freunde so wohl, als des reichlichen Genusses stärkender Weine, bringt diese Bewegung ihn gemeiniglich in starken Schweiß, und in eine Müdigkeit, welche die Ruhe und den Schlaf befördert. Wenn während dieser der Kranke fortfährt stark zu schwitzen, so kömmt es zur Crisis; wo nicht, so wiederholet man die nemliche Heilart so bald als es die Erholung von der vorigen Abmattung erlaubt. Eben diese Kur wird allezeit bey Recidiven, selbst in kalten Fiebern versucht, sollte es auch schon ein Jahr nachher seyn. Da kaum irgend eine Krankheit ist, welche man dort nicht von dem Tarantelbisse herleiten sollte, so wird diese Heilart allgemein, und mit so gutem Erfolge ausgeübt, daß sie wunderbar scheint, und von Leuten, die mit Vorurtheilen behaftet sind, für eine Wirkung der Musik angesehen wird, welche das Gift des Bisses bezaubere. Gleichwohl fühlt oder sieht man an keinem

keinem Theil des Körpers die mindeste Spur eines Bisses, wie selbst diejenigen gestehen müssen, die am stärksten mit jenen Vorurtheilen behaftet sind. Ob gleich viele große Leute die Wirkung dieses Giftes geglaubt, und einige mit vieler Zuversicht die Ursache derselben angegeben haben, so getraue ich mir dennoch zu behaupten, daß die gedachten Krankheiten durch die Hitze veranlaßt werden, welcher diese Leute bey der Erndte ausgesetzt sind. Ich hatte die erwünschteste Gelegenheit, mich dieser Sache wegen selbst bey Einsichtsvollen Leuten zu erkundigen, die sich die Mühe gegeben hatten, dergleichen vorgeblich gebissene Kranke öfters zu sehen und zu untersuchen, unter andern bey dem Erzbischoff von Otranto, aus dem adelichen Geschlecht der Caraccioli zu Neapel. Dieser gelehrte Prälat versicherte mich nach dem, was er selbst davon gesehen hatte, die ganze Sache sey eine lächerliche Vorstellung des Pöbels, lauter Betrug und Vorurtheil, und ganz ohne allen Grund. Er stimmt in der That mit vielen vernünftigen Leuten jener Gegenden in der Meinung überein, daß diese Krankheiten andre Ursachen hätten. Mir kam dieses um so viel wahrscheinlicher vor, ja es schien mir offenbar, da ich unzählige Gelegenheiten gehabt hatte, in heißen Gegenden solche Krankheiten zu behandeln, die man von der Tarantel herleitet, und ich fand allezeit, daß sie von der Hitze der Mittagssonne herrührten. Ob gleich Malta an sich ein gesundes Clima hat, so verursacht dennoch daselbst die

Som-

Sommerhitze sehr gefährliche Fieber und andre Krankheiten; unter andern auch eine Starrsucht, oder eine starke Spannung des ganzen Körpers in einem so heftigen Grade, daß sie gemeiniglich in vier und zwanzig Stunden tödtlich wird, wenn nicht ein starker Schweiß dem Patienten Hülfe schaft. Eben dieses sieht man zuweilen, obgleich selten, in Otranto und an andern Orten, wo man es als einen unläugbaren Beweis des Tarantelbisses betrachtet. In Malta hingegen schreibt man es der allzu großen Hitze zu, welcher der Kranke ist ausgesetzt gewesen. Denn dort gehet das entgegen gesetzte Vorurtheil so weit, daß die Einwohner den Thieren alles Gift seit der Zeit absprechen, da Paulus auf dieser Insel, wohin ihn ein Schiffbruch gebracht hatte, die Schlange von seiner Hand ins Feuer schlenkerte. Es ist ungegründet, was man gewöhnlich glaubt, daß nemlich der Tarantelbiß eine schlafsüchtige Betäubung verursache, aus welcher der Kranke anders nicht, als durch eine Musik erwecket werden könne, welche seine Phantasie rührt und ihm gefällt; denn man bittet und beredet ihn allezeit, sich jene Bewegung zu machen, und zu einer desto stärkern Anreizung spielt man solche Melodien auf, die dem Kranken gefallen, oder von denen man beym Versuche bemerkt, daß sie seine Einbildungskraft rühren. Der Glaube an solche Symptomen kömmt von Kunstgriffen betrügerischer Vagabunden her, welche man Tarantulisti nennt, die unter dem Vorwande, von Taranteln gebissen zu seyn, das Königreich Neapel durchziehen. Diese machen allezeit jene Symptomen nach, und stellen sich, als würden sie durch gewisse Melodien erweckt, nach denen sie auf eine seltsame ausschweifende Art tanzen. Vielleicht könnte diese Kurart in einigen besondern Fällen von Nutzen seyn, anstatt andrer gewöhnlicher Heilarten vermittelst einer starken Bewegung.

Auszug eines Schreibens, eben denselben Gegenstand betreffend, von Dominico Cirillo, der Arzneykunst Doktor, und Prof. der Naturgeschichte auf der Universität zu Neapel, an D. William Watson, Mitglied der englischen Societät der Wissenschaften.

Aus den philosph. Transact. vom J. 1770. für das Hannöverische Magazin übersetzt von J. G. Velthusen.

Ich habe Gelegenheit gehabt, die Wirkungen dieses Thiers in der Provinz von Taranto zu untersuchen, wo dasselbe sehr häufig angetroffen wird. Ich fürchte aber, ich werde mehr nicht davon sagen können, als daß die wunderbare Heilung des Tarantelbisses vermittelst der Musik völlig unwahr, und eine bloße Erfindung von Leuten, aus dem Pöbel ist, welche unter dem Vorgeben, daß der Tarantismus sich bey ihnen äußere, mit Tanzen etwas Geld verdienen wollen. Vielleicht trägt zuweilen die Hitze des Clima viel dazu bey, ihre

Einbildungskraft zu erwärmen, und sie in ein gewisses Delirium zu bringen, welches in gewisser Maaße vermittelst der Musik gelindert wird. Inzwischen sind verschiedene Versuche mit der Tarantell angestellt worden, und weder Menschen, noch Thiere haben eine andere Beschwerde davon gehabt, als eine unerhebliche Entzündung an der gebissenen Stelle, wie die Entzündung von den Scorpionstichen, welche ohne alle Gefahr sich von selbst verlieren. In Sicilien, wo der Sommer noch wärmer ist, als in irgend einer Gegend des Königreichs Neapel, ist die Tarantel niemahls gefährlich, und niemahls bedient man sich dort der Musik um den vorgeblichen Tarantismus zu heilen. Es ist in der That sonderbar, daß ein Mann von Einsicht und ein Arzt von großer Gelehrsamkeit, wie Baglivi war, sich bey den Erzählungen von dieser Krankheit beruhigte, und anstatt die Sache selbst durch Versuche zu prüfen, sie vielmehr nur zu erklären suchte. Aber selbst Philosophen mögen gern wunderbare und außerordentliche Dinge finden, und, wenn sie gleich wider alle Vernunft sind, wünschen sie solche dennoch wahr, und bestreben sich, die Ursachen derselben zu entdecken. Mit jedem Jahr nimmt diese seltsame Krankheit ab, und ich bin gewiß, daß sie in kurzem allen Glauben verlieren wird. Die Neapolitanische Aerzte sahen die Tarantel in eben dem Lichte an, vornehmlich seit dem der gelehrte Doktor Serao einen scharfsinnigen Tractat über diesen Gegenstand herausgegeben, und darin erwiesen hat, daß der Tarantelbiß niemals

mals böse Folgen hervorgebracht, und die Musik niemals etwas damit zu thun gehabt hat.

Auszug aus des Herrn Baron von Riedesel Reise durch Sicilien und groß Griechenland, S. 251=260.

Diese Spinne, welche in allen Naturaliensammlungen gezeiget wird, findet sich in der That häufig in der Gegend von Taranto, wovon sie den Namen bekommen; sie ist aber auch in der ganzen Provinz Lecce, Bari, und in Apulien nicht selten. Alles, was man davon erzählt, ist wahr; nämlich, daß die von derselben gebissene Personen sich mit Tanzen, und zwar nach einer gewissen Musik, welche Tarantella genennt wird, heilen. Daß aber wirklich dieser Biß so gefährlich nicht ist, und die Wirkungen, welche man an den vermeint Gebissenen bemerkt, nicht herfürbringet; daß dieses Mittel nicht das einzige fähige ist, das Uebel zu heilen; und daß endlich die Gewohnheit und die Einbildung mehr als die Wahrheit dabey herrschen, scheint wohl glaublich zu seyn, und wird von den vernünftigen Aerzten in Taranto und dieser Gegend behauptet. Es sind jedoch Erfahrungen für, so wie gegen diese herrschende Meinung. Die Spinne selbst findet sich häufig in dem Getraide und den Weingärten, in den Monaten Julius, August und September; und in dieser Zeit findet man häufig Personen, welche sich durch Tanzen heilen. Die Musik dazu ist immer die nämliche Melodie, und der gemeine Tanz des Landes; so wie jedes Land seine besondere Tänze hat; als der z. B. Schwäbische und Elsaßische in Teutschland, der Rigaudon in Provence, der Frascone in Toscana, der Country-Dance in England, und der Fandango in Spanien, sind. Die Zweifel gegen die Nothwendigkeit zu tanzen sind folgende: Weil man selten den Biß an den Gebissenen findet: Weil die große Hitze, die dicke Luft, und das in den schlechten Cisternen verdorbenene Regenwasser die Säfte in dem Körper verdicket und verdirbt, zumalen in Taranto, wo die Salzflüsse häufig regieren, und den Geist niederschlagen, Melancholie verursachen, und den Magen völlig verderben. Die Bewegung, der Schweiß, und die Fröhlichkeit des Gemüths, sind ohne Zweifel die besten Mittel gegen dieses Uebel. Man bemerket dasselbe und den vermeinten Biß dieser Spinne, häufiger an den Weibspersonen. Was ist das Wunder, wenn man weiß, daß die hysterischen Uebel in diesen warmen Ländern häufiger, heftiger und stärker sind, ja zuweilen bis zur Raserey kommen? Eine heftige Bewegung, welche dieser Tanz verursachet, da zuweilen eine Weibsperson 36 Stunden ohne Ruhe, und ohne Essen und Trinken tanzet, muß den ganzen Körper erschüttern, die dicken Säfte bewegen und vertheilen, und mithin die Krankheit mildern oder vertreiben. Daher glaubt der Pöbel, daß alle Jahr um diese Zeit die gebissene Person tanzen muß, weil wirklich alsdann die Krankheit durch die Hitze verursachet wird. Man kann endlich noch gegen die vermeinte Wirkung dieses Bisses

ses anführen: daß diejenigen Personen, welche aus Armuth die Musikanten nicht bezahlen können, zwar in der Jahrszeit des Sommers leiden, aber deswegen sich doch in dem Winter besser befinden; daß die Frauenspersonen häufig, die Mannspersonen aber selten gebissen werden; endlich daß dieses Tanzen nicht durch eine unüberwindliche Neigung, sondern mit Vorsatz, und oft mit Widerwillen geschiehet, und als eine wahre Arzeney gebraucht wird.

Diejenigen, welche behaupten, daß der Biß der Tarantula wirklich die behaupteten Wirkungen habe, widerlegen diese Zweifel mit andern Erfahrungen: Daß nämlich nur die von dem gemeinen Stande, und nicht Personen, welche sich hüten können, weil sie nicht in dem Felde zu arbeiten genöthiget sind, gebissen werden; wie denn auch in der That fast niemals andere als gemeine Leute tanzen; daß die Weibspersonen darum, weil sie mit bloßen Armen arbeiten, leichter gebissen werden, und deshalben auch häufiger als die Mannspersonen tanzen müssen; daß endlich, wenn es hysterische Zufälle wären, man nicht so leicht Personen von sechzig Jahren, oder acht Monate schwangere Weiber mit gleichem Eifer tanzen sähe. Der Marchese Palmyri in Lecce erzählte mir ein Beyspiel: Er hatte eine Verwandtin von vierzig Jahren, welche nicht verheyrathet war, die auf einmal abzunehmen, melancholisch zu werden, und sich völlig zu verändern schien: Man verfiel sogleich auf den Biß der Tarantula; da sie aber aus Schamhaftigkeit nicht tanzen wollte, so nahm ihr Uebel von Tag zu Tage zu, und man hielt sie für verlohren, bis sie endlich eines

eines Tags von ungefähr bey einem Hause, wo eine andere Person in gleichem Falle tanzte, vorbeyfuhr; sie konnte dieser vermeinten unwiderstehlichen Neigung zu tanzen nicht länger gebieten, sprang in das Haus, und, nachdem sie eine sehr lange Zeit mitgetanzt hatte, befand sie sich besser, verlohr ihre Melancholie und erlangte ihre vorige Gesundheit.

Dieses ist, was mir erzählet worden. Ich sage es Ihnen so wieder, wie ich es gehört habe, und will mich in keine Entscheidung einlassen, unerachtet ich für meinen Theil alle dieses für eines von den häufigen, durch die Zeit auch bey den erleuchtetern Menschen fester gegründeten, Vorurtheilen halte, welche die Welt noch lange beherrschen werden. Nur will ich noch beyfügen, was ich selbst gesehen habe, und alsdenn die Tarantula und ihre Vertheidiger gehen lassen.

In Otranto fand ich eine junge Frau von zwey und zwanzig Jahren, welche, um sich von diesem Bisse zu heilen, tanzte. Sie war ihrem Stande gemäß sehr gut angezogen, in einem mit einigen kleinen Spiegeln und bunten seidenen Kleidern und Blumen gezierten Zimmer, und tanzte nicht wie eine unsinnige oder nur von Vergnügen eingenommene Person, sondern ganz kaltsinnig, mit niedergeschlagenen Augen, oft vor dem Spiegel, wo sie die anständigsten Mienen studirte, und ihren Kopfputz unter beständigem Tanzen verbesserte. Die Musik bestand in zwey Violinen und einem Tamburino. Sie waschte sich einige male das Gesicht währendem Tanze, und beobachtete alles was neben

ben ihr vorgieng. Ich sagte im Scherze, aber so laut daß sie es hören konnte, daß sie für eine Tänzerin ihre Strümpfe schlecht gebunden hätte: denn der Aberglaube des Volkes behauptet, daß die gebissene Personen allzeit ohne Schuhe tanzen müssen. So gleich gieng sie beyseite um ihre Strümpfe besser zu binden. Ich hatte das Unglück ihr zu mißfallen, weil ich meinen Hut auf dem Kopfe hatte, und sie die schwarze Farbe nicht leiden konnte; sie rief mir desfalls zu, und als ich solchen weggethan hatte, fuhr sie fort, mit niedergeschlagenen Augen zu tanzen. Ihr Anblick war nicht wild und verrücket, sondern ihr Aug vielmehr sanfte, und es schien als ob sie mehr mit Widerwillen als mit Vergnügen tanzte. Währendem Tanz schenkte sie einer der zuschauenden Weibspersonen eine Grasblume, die sie aber so fort wieder nahm, und, als wenn es eine Kirsche wäre, einschluckte. Sie tanzte zehn Stunden ohne auszuruhen; alsdann wurde sie weggebracht und in ein warmes Bette geleget. — In Bari sahe ich eine andere Weibsperson tanzen, welche ebenfalls von der Tarantula gebissen zu seyn glaubte. Sie schien vierzig Jahr alt zu seyn, und man sagte mir, daß sie nun das siebente Jahr um die nämliche Zeit tanzte. Auch diese schien nicht eifrig und mit Leidenschaft solches zu verrichten, sondern mit kaltem Blute; denn sie befahl in währendem Tanzen, wie sie ihr Zimmer, oder vielmehr das elende dunkle Loch, worinn dieses vorgieng, wollte geziert haben, und ordnete, wo man den Spiegel, die Blumen, und die seidene Kleider hinthun sollte. Sie tanzte ebenfalls vor dem Spiegel, unerachtet
sie

sie häßlich wie die Nacht war, und nachdem sie lange allein herumgesprungen, nahm sie ein junges Mädgen von sechszehn Jahren, mit welcher sie eine gute Weile tanzte, und endlich durchaus mir eben die Ehre ertheilen wollte. Daß diese Person wirklich von der Tarantula gebissen gewesen, scheint mir sehr unwahrscheinlich; und ich glaube eher, daß in ihrem Alter, und mit ihrem häßlichen Gesicht, die Verzweiflung, keinen Mann oder Liebhaber zu finden, ihr den Verstand etwas verrückt habe.

Dieses ist alles, was ich von dieser Spinne, und den Wirkungen ihres Bisses selbst gesehen habe. Sie werden daraus, mein Freund, mit mir einstimmen, daß das Vorurtheil der Gewohnheit, und die Einbildung, mehr als die Wahrheit in dieser Sache herrsche. Da man auch in keinem alten Schriftsteller, wie z. B. im Plinius, welcher doch von allen besondern Dingen in der Natur die zu seiner Zeit vorgekommen waren, mit so vielem Fleiße redet, Nachricht von der Tarantula finden kann, so siehet man, daß im Alterthum dieselbe ganz unbekannt war. Da endlich in Sicilien, in den mittägigen Provinzen Spaniens, und in denen von Frankreich, zwar die große Spinne angetroffen wird, aber man nichts von der Art, durch Tanzen ihren Biß zu heilen, weiß; da so gar in Calabrien dieses unbekannt ist, so muß man wohl vernünftiger Weise alles für Einbildung und Possen halten.